Penkal
TUDO EM LIVROS. LIVROS PARA TODOS.

# DEVOCIONAL UM JOVEM SEGUNDO O CORAÇÃO DE DEUS



Silas N. Silva

Direção Geral
*Adriel Ribeiro Penkal*

Coordenador Editorial
*Cristiano Braz Jorgini*

*Isabelle S. Alves*

Assistente Editorial
*Silas N. Silva*

Projeto Gráfico
*Hendrick Ventura*

Diagramação
*Hendrick Ventura*

Capa
*Hendrick Ventura*

**Dados Internacionais de Catalogação na Publicação (CIP)**
**(Câmara Brasileira do Livro, SP, Brasil)**

Silva, Silas N.
Devocional um jovem segundo o coração de Deus / Silas N. Silva. -- Londrina, PR : Livrarias Família Cristã, 2024.

ISBN 978-65-277-0212-2

1. Jovens - Aspectos religiosos - Cristianismo 2. Literatura devocional I. Título.

24-240467 CDD-242

**Índices para catálogo sistemático:**

1. Literatura devocional : Cristianismo 242

Eliete Marques da Silva - Bibliotecária - CRB-8/9380


R. Antônio Sabino, 203 - Parque Industrial - Ibiporã - PR
www.livrariasfamiliacrista.com.br

# DEVOCIONAL UM JOVEM SEGUNDO O CORAÇÃO DE DEUS

Silas V. Silva

# SUMÁRIO

# 1 O CORAÇÃO QUE BUSCA A DEUS

Vocês me procurarão e me acharão quando me procurarem de todo o coração.

Jeremias 29:13

Buscar a Deus é mais do que uma simples oração ocasional ou uma ida ao culto no domingo. É um estilo de vida que envolve o coração por completo. Quando Deus fala em Jeremias 29:13, ele revela que a busca pelo Senhor é pessoal e exige entrega total. Não se trata de um esforço superficial, mas de um desejo profundo de conhecê-lo intimamente.

Assim como Davi, descrito como "um homem segundo o coração de Deus", os jovens também são chamados a desenvolver um coração que anseia pela presença divina. Davi não era perfeito, mas seu arrependimento sincero e desejo de adorar a Deus o distinguiam. O que Deus procura em nós não é a perfeição, mas um coração disposto a caminhar com ele, mesmo quando caímos.

Nos dias de hoje, é fácil nos distrairmos com a correria da vida, redes sociais e responsabilidades. A pergunta é: será que temos separado tempo para buscar a Deus? Para um jovem segundo o coração de Deus, o relacionamento com ele é prioridade. Isso se manifesta na leitura diária da Bíblia, na oração e na prática de confiar nos planos do Senhor, mesmo quando não compreendemos tudo.

Buscar a Deus de todo o coração significa abrir mão do que impede a intimidade com ele. É abandonar o pecado e pedir a direção do Espírito Santo para transformar atitudes e pensamentos. É entender que a busca é contínua, um processo diário, e que conhecer a Deus mais profundamente nos molda como pessoas melhores.

Se você deseja ser alguém segundo o coração de Deus, comece hoje. Separe um momento silencioso, desligue as distrações e entregue suas preocupações ao Senhor. Ele está pronto para ser encontrado por aqueles que o buscam sinceramente.

## DESAFIO PRÁTICO

*Hoje, tire 15 minutos para orar e ler um trecho da Bíblia sem interrupções. Escolha um versículo que fale ao seu coração e medite nele ao longo do dia.*

# 2. TENHA FÉ!

ELE RESPONDEU: "PORQUE A FÉ QUE
VOCÊS TÊM É PEQUENA. EU LHES ASSE-
GURO QUE SE VOCÊS TIVEREM FÉ DO
TAMANHO DE UM GRÃO DE MOSTARDA,
PODERÃO DIZER A ESTE MONTE: 'VÁ
DAQUI PARA LÁ', E ELE IRÁ. NADA LHES
SERÁ IMPOSSÍVEL".

MATEUS 17:20

A fé é essencial na vida de um jovem que deseja agradar a Deus. Jesus ensinou que não precisamos de uma fé enorme para ver grandes coisas acontecerem; uma fé do tamanho de um grão de mostarda é suficiente para mover montanhas. Esse tipo de fé não depende da força humana, mas de confiar na soberania e no poder de Deus.

Muitas vezes, os jovens enfrentam desafios que parecem impossíveis de superar: pressão acadêmica, relacionamentos complicados, decisões sobre o futuro e questões internas, como medo e ansiedade. A promessa de Jesus é clara – com fé, até o impossível se torna possível. Essa confiança nos ensina a depender de Deus mesmo quando não enxergamos soluções imediatas.

Fé não é ausência de dúvida, mas é escolher confiar em Deus apesar das incertezas. Assim como Pedro precisou de fé para sair do barco e andar sobre as águas, você também precisará dar passos de coragem para obedecer ao chamado de Deus, mesmo sem saber o que o futuro reserva.

A fé que move montanhas começa com coisas pequenas: acreditar que Deus está no controle, confiar na provisão dele para suas necessidades e orar por situações aparentemente sem solução. A cada passo de obediência, sua fé cresce e se fortalece. Deus não quer que você apenas tenha fé em momentos de crise, mas que a viva diariamente, em cada escolha e desafio.

A fé ativa nos convida a agir. Não basta apenas orar; é preciso colocar essa confiança em prática, fazendo a sua parte. Por exemplo, se você está orando por um milagre em sua vida acadêmica, a fé verdadeira se revela também no esforço e dedicação aos estudos. A fé é viva e dinâmica, e Deus honra aqueles que unem confiança com ação.

## DESAFIO PRÁTICO

*Hoje, pense em uma área da sua vida em que você precisa de um milagre ou uma solução. Ore com fé, mas também dê um passo prático nessa direção. Pode ser enviar um e-mail, começar um projeto ou reconciliar-se com alguém. Confie que Deus estará ao seu lado.*

# 3. DESCONFORME-SE

NÃO SE AMOLDEM AO PADRÃO DESTE
MUNDO, MAS TRANSFORMEM-SE PELA
RENOVAÇÃO DA SUA MENTE[...]
ROMANOS 12:2

Ser jovem e viver segundo o coração de Deus exige coragem para ir contra a correnteza do mundo. Vivemos em uma sociedade que dita padrões, impõe modas e tenta nos moldar a cada passo. Porém, a Palavra de Deus nos chama a sermos diferentes, renovando nossa mente para entender e viver a vontade dele. Isso significa resistir à pressão de seguir o que todos estão fazendo e, em vez disso, buscar o que agrada ao Senhor.

Daniel e seus amigos, na Babilônia, são um grande exemplo de coragem. Eles escolheram não se contaminar com os costumes da corte e permaneceram fiéis a Deus. Mesmo correndo o risco de perder a própria vida, decidiram ser diferentes. Assim como eles, você também é chamado a viver uma vida distinta, baseada nos princípios do Evangelho.

A coragem para ser diferente pode se manifestar de várias maneiras: dizer "não" para más influências, escolher esperar o tempo de Deus para relacionamentos, e até defender sua fé quando for ridicularizado por isso. Isso não é fácil, mas o Espírito Santo é quem fortalece e capacita para que você permaneça firme.

Escolher um caminho diferente do que a maioria segue pode trazer momentos de solidão, mas também garante que você esteja mais perto da vontade de Deus. As bênçãos dele se revelam na obediência, e a verdadeira felicidade é encontrada ao viver segundo os propósitos divinos.

Lembre-se: você não está sozinho. Deus promete estar com você em todas as circunstâncias. E, ao caminhar na contramão do mundo, você se torna luz para aqueles que ainda não conhecem a verdade. O mundo pode tentar moldá-lo, mas com Cristo em seu coração, você será transformado por algo muito maior.

## DESAFIO PRÁTICO

> *Hoje, reflita sobre uma área da sua vida em que você tem sentido pressão para se conformar aos padrões do mundo. Ore por coragem e escolha agir de acordo com a vontade de Deus, mesmo que isso vá na contramão do que todos estão fazendo.*

# 4. GUARDANDO O CORAÇÃO

Acima de tudo, guarde o seu coração, pois dele depende toda a sua vida.

Provérbios 4:23

O coração é o centro das emoções, pensamentos e decisões. É por isso que a Bíblia nos instrui a guardá-lo com todo cuidado. O mundo está cheio de influências negativas que podem nos afastar de Deus: conteúdos nocivos na mídia, amizades que não edificam e pensamentos que nos desanimam. Cuidar do coração não é apenas uma recomendação; é uma necessidade para quem deseja seguir a Cristo com integridade.

Guardar o coração significa filtrar aquilo que permitimos entrar na nossa mente e emoções. Assim como não deixamos qualquer pessoa entrar em nossa casa, também não podemos deixar que ideias e sentimentos destrutivos encontrem morada em nós. Isso envolve escolhas diárias: o que assistimos, o que ouvimos, com quem nos relacionamos e como lidamos com as tentações.

Davi sabia da importância de cuidar do coração e frequentemente pedia a Deus que examinasse seu interior. Em Salmos 139:23-24, ele clama: "Sonda-me, ó Deus, e conhece o meu coração; prova-me e conhece as minhas inquietações." Ele reconhecia que precisava da ajuda divina para manter seu coração puro e alinhado à vontade de Deus.

Além disso, guardar o coração é essencial para permanecermos firmes em meio aos desafios. Jovens enfrentam muitas batalhas emocionais e espirituais, como ansiedade, medo e desânimo. Cuidar do coração com a Palavra de Deus nos fortalece e nos ajuda a manter o foco em Cristo, independentemente das circunstâncias.

O seu coração é precioso para Deus. Ele deseja enchê-lo com paz, alegria e sabedoria. Ao entregar o seu coração ao Senhor e pedir que ele o guarde, você encontra segurança e força para viver conforme os planos dele.

## DESAFIO PRÁTICO

*Hoje, faça uma autoanálise: o que tem ocupado o seu coração ultimamente? Reserve um tempo para orar, pedindo a Deus que revele o que precisa ser ajustado. Escolha uma coisa prática para mudar – seja limitar o tempo nas redes sociais, evitar uma amizade tóxica ou investir mais tempo em oração e leitura da Palavra.*

# 5. DECIDA!

Hoje invoco os céus e a terra
como testemunhas contra vocês
de que coloquei diante de vocês a
vida e a morte, a bênção e a maldi-
ção. Agora escolham a vida, para
que vocês e os seus filhos vivam.

Deuteronômio 30:19

A vida é feita de escolhas. Diariamente, tomamos decisões – algumas pequenas, outras que impactam todo o nosso futuro. A Bíblia nos ensina que há um caminho de vida e um de morte, de bênção e maldição. Como jovens que desejam agradar a Deus, somos chamados a tomar decisões que honrem o Senhor e nos mantenham firmes no propósito dele.

Escolhas corretas nem sempre são as mais fáceis ou populares. Pode ser mais confortável seguir a multidão ou fazer o que todo mundo faz, mas Deus nos chama para um caminho mais elevado. Assim como Josué declarou: "Escolham hoje a quem irão servir... Eu e a minha casa serviremos ao Senhor" (Josué 24:15), cada jovem deve decidir diariamente seguir a Cristo.

Mesmo pequenas escolhas, como o que assistimos, ouvimos ou com quem nos relacionamos, têm impacto em nossa caminhada espiritual. Decisões aparentemente simples podem nos aproximar ou afastar da presença de Deus. Por isso, é fundamental buscar sabedoria na Palavra e orientação do Espírito Santo para cada passo.

José, no Egito, é um grande exemplo de alguém que escolheu honrar a Deus em meio às pressões. Ele poderia ter cedido à tentação e vivido de acordo com os padrões do mundo, mas preferiu permanecer fiel ao Senhor. Sua decisão trouxe consequências difíceis no momento, mas, no final, Deus o exaltou e o usou para salvar muitas vidas.

Escolher honrar a Deus é um ato de fé e obediência. Não importa o quão desafiadora seja a situação, Deus promete estar conosco e nos fortalecer. Suas bênçãos e direção se manifestam quando colocamos o Senhor em primeiro lugar em nossas decisões.

## DESAFIO PRÁTICO

*Hoje, pense em uma decisão que você precisa tomar. Pode ser sobre amizades, estudos ou até como usar seu tempo livre. Antes de agir, ore pedindo a orientação de Deus e busque um conselho bíblico. Escreva a decisão e comprometa-se a agir de forma que honre ao Senhor.*

# 6. AMIZADES QUE EDIFICAM

ASSIM COMO O FERRO AFIA O FERRO, O
HOMEM AFIA O SEU COMPANHEIRO.
PROVÉRBIOS 27:17

As amizades exercem um impacto profundo em nossas vidas. Elas podem nos aproximar de Deus ou nos afastar dele. A Bíblia nos ensina que relacionamentos saudáveis são aqueles que nos edificam e nos ajudam a crescer espiritualmente. Assim como uma faca é afiada por outra lâmina, precisamos de amizades que nos desafiem e encorajem a seguir mais perto de Deus.

Escolher bem as amizades é uma decisão essencial para o jovem cristão. As pessoas que estão ao nosso redor influenciam nossos pensamentos, hábitos e decisões. Paulo advertiu: "As más companhias corrompem os bons costumes" (1 Coríntios 15:33). Por isso, cultivar amizades saudáveis e evitar influências negativas é um passo importante para quem quer viver segundo o coração de Deus.

Amigos verdadeiros são aqueles que falam a verdade em amor, mesmo quando é difícil. Eles nos ajudam a ver nossas falhas e nos incentivam a crescer. Davi teve em Jônatas um amigo leal que o encorajava em momentos de dificuldade. Assim também, é importante procurar amizades que estejam dispostas a nos apoiar e orar conosco, principalmente nos momentos difíceis.

Relacionamentos que edificam são marcados por confiança e amor mútuo. É essencial investir tempo em amizades saudáveis, compartilhar experiências e principalmente, ter amigos que se preocupem com nosso crescimento espiritual. Quando estamos cercados por pessoas que nos incentivam a buscar a Deus, nos tornamos mais fortes para enfrentar as lutas da vida.

Por outro lado, também somos chamados a ser esse tipo de amigo para os outros. Assim como queremos amigos leais e piedosos, precisamos cultivar essas características em nossa própria vida. Ser um bom amigo é um ato de amor e serviço que reflete o caráter de Cristo.

## DESAFIO PRÁTICO

> *Hoje, faça uma lista das pessoas que têm mais influência sobre você. Avalie se essas amizades estão te ajudando a crescer em Cristo. Ore por essas pessoas e, se necessário, busque fortalecer relacionamentos que edifiquem e distanciar-se de influências negativas.*

# 7. CORAÇÃO PURO

Bem-aventurados os puros de coração, pois verão a Deus.

Mateus 5:8

A pureza de coração é um dos maiores desafios na caminhada cristã, especialmente para os jovens. Viver em um mundo cheio de distrações e tentações faz com que seja difícil manter pensamentos e intenções alinhados à vontade de Deus. No entanto, Jesus nos promete uma recompensa grandiosa: aqueles que mantêm um coração puro verão a Deus.

Pureza não se limita apenas às ações, mas também envolve pensamentos e motivações. Um jovem segundo o coração de Deus precisa cultivar a disciplina de guardar seus olhos e mente longe de tudo o que possa corromper sua alma. Isso inclui filtrar o que assistimos, ouvimos e consumimos diariamente, além de evitar sentimentos nocivos como inveja, ódio ou orgulho.

Davi orou: "Cria em mim um coração puro, ó Deus, e renova dentro de mim um espírito estável" (Salmos 51:10). Assim como ele, devemos pedir ao Senhor que limpe nosso interior e nos ajude a viver de maneira santa. Ninguém é perfeito, mas Deus é fiel para nos perdoar e nos purificar sempre que nos arrependemos de coração.

Viver com pureza não é sobre legalismo, mas sobre uma relação sincera com o Pai. Quando buscamos manter o coração puro, estamos escolhendo colocar Deus em primeiro lugar e rejeitar tudo o que O entristece. Essa busca diária nos aproxima mais dele e nos permite experimentar sua presença em cada momento de nossa vida.

A recompensa para os puros de coração é ver a Deus. Não apenas no futuro, na eternidade, mas também aqui e agora, através de sua direção e cuidado em nossa vida. Um coração alinhado com Deus é capaz de enxergar a sua mão em cada situação, até nas mais difíceis.

## DESAFIO PRÁTICO

*Hoje, faça uma autoavaliação: há algo em seus pensamentos ou atitudes que precisa ser purificado? Ore pedindo que Deus revele e limpe qualquer área que não esteja alinhada à sua vontade. Decida eliminar um hábito ou conteúdo que possa estar poluindo sua mente.*

# 8. METANÓIA

Ele dizia: "Arrependam-se, pois o
Reino dos céus está próximo".

Mateus 3:2

A mensagem de arrependimento anunciada por João Batista ecoa pelo tempo como um chamado urgente à transformação. Ele foi o precursor de Jesus, e sua mensagem trazia consigo uma seriedade e urgência para os ouvintes. João não apenas alertava as pessoas sobre o pecado, mas mostrava que o arrependimento verdadeiro é essencial para receber o Reino de Deus em nossa vida. Esse convite continua atual, desafiando-nos a abandonar as práticas que nos afastam de Deus e a permitir que ele transforme nossos corações e mentes.

O arrependimento genuíno vai além de um mero remorso; ele é uma decisão consciente de mudar de direção. Reconhecer onde temos falhado, renunciar aos pecados e entregar nossos caminhos a Deus nos coloca no centro de sua vontade. Quando compreendemos que o Reino de Deus está próximo, percebemos a urgência de nos prepararmos, de nos purificar e de viver uma vida que reflita os valores desse Reino. Esse chamado exige humildade e coragem para permitir que Deus conduza cada aspecto de nossa existência.

Cada dia é uma oportunidade de nos voltarmos ao Pai e permitir que ele molde nosso caráter. O Reino dos Céus não é apenas um lugar futuro, mas uma realidade que começa a se manifestar em nós quando nos entregamos totalmente a Deus. Quando nos arrependemos, damos a ele espaço para governar em nossos corações e vidas. Essa rendição permite que a graça dele nos renove e nos aproxime de sua santidade.

Assim como os ouvintes de João Batista, somos convidados a reavaliar nossa vida diante de Deus e a buscar o arrependimento sincero. O Senhor nos chama a viver com uma mentalidade transformada, atentos ao seu Reino. Ele nos dá uma nova chance de trilhar um caminho de retidão, onde sua presença é constante e seu amor, o guia.

## DESAFIO PRÁTICO

> *Hoje, faça um exame de consciência e reflita sobre áreas em que precisa de arrependimento. Escreva em um caderno as atitudes ou hábitos que precisam ser transformados. Ore sinceramente e peça a Deus que o capacite a viver em conformidade com o Reino dos Céus. Se necessário, peça perdão a alguém e busque reconciliar-se.*

# 9. O SECRETO

Mas quando você orar, vá para seu
quarto, feche a porta e ore a seu Pai,
que está em secreto. Então seu Pai,
que vê no secreto, o recompensará.

Mateus 6:6

A oração é uma das disciplinas mais poderosas e fundamentais na vida cristã. Jesus ensinou que a oração não é sobre impressionar os outros, mas sobre um encontro íntimo com Deus, no secreto. Orar é mais do que palavras, é um ato de fé e dependência. O jovem segundo o coração de Deus sabe que sua força espiritual é renovada na presença de Deus, longe dos olhos das pessoas.

O "lugar secreto" é onde nos despimos das máscaras que, por vezes, usamos em público. É o momento de sermos autênticos diante do Senhor, derramando nossos medos, sonhos e preocupações. Assim como Jesus buscava momentos de solitude para orar ao Pai, também precisamos desse tempo especial, onde encontramos paz, direção e renovação.

Muitas vezes, a correria do dia a dia e as distrações nos impedem de parar para orar. No entanto, a oração é como oxigênio para nossa alma. Sem ela, nos tornamos fracos espiritualmente e mais vulneráveis às tentações e pressões do mundo. A oração no secreto nos fortalece e nos prepara para enfrentar os desafios da vida com sabedoria e coragem.

Deus valoriza mais a qualidade do que a quantidade das nossas orações. Quando buscamos a presença dele com sinceridade e fé, somos recompensados. Não se trata apenas de pedir coisas, mas de desfrutar da comunhão com o Pai, ouvir sua voz e ser transformado por ele. É no secreto que Deus revela seus mistérios e nos guia em cada passo.

Cultivar a prática de orar no secreto nos leva a um relacionamento profundo e íntimo com Deus. Quanto mais tempo passamos com ele, mais nosso coração se alinha ao seu. A recompensa não é apenas material, mas espiritual – paz, alegria, direção e força para viver segundo a vontade de Deus.

## DESAFIO PRÁTICO

*Hoje, encontre um momento e um lugar tranquilo para orar em secreto. Desligue todas as distrações e passe alguns minutos na presença de Deus, falando com ele e ouvindo sua voz. Escreva em um caderno o que Deus colocou em seu coração durante esse tempo.*

# 10. ESPERAR É CAMINHAR

TUDO TEM O SEU TEMPO DETERMINADO,
E HÁ TEMPO PARA TODO PROPÓSITO
DEBAIXO DO CÉU.

ECLESIASTES 3:1

Esperar nem sempre é fácil, especialmente para os jovens, que estão cheios de sonhos e planos. Vivemos em uma sociedade imediatista, que valoriza a rapidez e a gratificação instantânea. No entanto, Deus nos ensina que existe um tempo certo para todas as coisas, e o tempo dele é sempre perfeito. Aprender a esperar no Senhor é uma demonstração de fé e confiança.

Muitas vezes, queremos que Deus responda nossas orações imediatamente, mas ele vê além do que podemos enxergar. Ele sabe o que é melhor para nós e usa o tempo de espera para nos moldar, fortalecer e preparar para aquilo que está por vir. O processo de espera é tão importante quanto o cumprimento da promessa.

Abraão esperou muitos anos pela realização da promessa de Deus de que ele teria um filho. Durante esse tempo, ele precisou aprender a confiar e descansar na fidelidade do Senhor. Assim como Abraão, você pode estar esperando por algo: uma resposta, um sonho ou uma mudança. Lembre-se de que Deus está trabalhando nos bastidores, mesmo quando não conseguimos ver.

Esperar no Senhor nos ensina paciência, perseverança e dependência dele. Durante esse tempo, é importante continuar fiel e ativo, buscando a Deus em oração e cultivando uma atitude de gratidão.

Mesmo que as respostas não venham imediatamente, podemos ter a certeza de que o Senhor não se esqueceu de nós.

O tempo de Deus não é um atraso, mas uma preparação. Quando finalmente a resposta chega, podemos ver claramente que tudo aconteceu na hora certa. A espera não é desperdício, mas uma oportunidade de crescer em maturidade espiritual e confiança no Senhor.

## DESAFIO PRÁTICO

*Hoje, faça uma lista de coisas pelas quais você está esperando. Ore sobre cada uma delas e entregue-as nas mãos de Deus. Peça ao Senhor para te ensinar a confiar no processo e encontrar alegria mesmo enquanto espera.*

# 11 RESISTINDO ÀS TENTAÇÕES

Não sobreveio a vocês tentação
que não fosse comum aos homens.
E Deus é fiel; ele não permitirá
que vocês sejam tentados além
do que podem suportar. Mas,
quando forem tentados, ele mesmo
providenciará um escape, para que
o possam suportar.
1 Coríntios 10:13

Todos enfrentamos tentações em algum momento. Elas surgem de maneiras sutis, tentando nos afastar de Deus e dos Seus propósitos para nossa vida. A tentação em si não é pecado, mas ceder a ela nos distancia do Senhor. Como jovens segundo o coração de Deus, precisamos aprender a identificar e resistir às tentações com sabedoria e firmeza.

Jesus é o nosso maior exemplo. Ele foi tentado pelo diabo no deserto, mas não cedeu às propostas enganosas (Mateus 4:1-11). Em cada momento, Ele respondeu com a Palavra de Deus, mostrando que o conhecimento das Escrituras é uma arma poderosa contra as armadilhas do inimigo.

Resistir às tentações exige disciplina espiritual e vigilância. O diabo tenta nos atingir em momentos de fraqueza, como quando estamos cansados, frustrados ou solitários. É nesses momentos que precisamos fortalecer nosso coração na oração e na leitura da Palavra, buscando o auxílio do Espírito Santo.

Deus promete que não permitirá que sejamos tentados além do que podemos suportar. Ele sempre oferece uma saída, um escape. No entanto, cabe a nós escolher essa saída, afastando-nos daquilo que pode nos fazer tropeçar. Às vezes, isso significa dizer "não" a certas situações, evitar ambientes que nos fazem mal ou se afastar de influências negativas.

A vitória sobre a tentação é possível para aqueles que confiam em Deus e buscam sua força diariamente. A cada vitória, nossa fé se fortalece e nosso caráter se molda mais à imagem de Cristo. Resista ao mal e confie que Deus é fiel para te sustentar em qualquer circunstância.

## DESAFIO PRÁTICO

> *Identifique uma área da sua vida onde você tem enfrentado tentações. Peça a Deus que mostre uma saída e escolha uma ação prática para se afastar daquilo que te faz tropeçar. Compartilhe essa decisão com alguém de confiança para que você possa ter apoio e orações.*

# 12. A DIREÇÃO CERTA

LÂMPADA PARA OS MEUS PÉS É A TUA
PALAVRA, E LUZ PARA O MEU CAMINHO.

SALMOS 119:105

A vida é cheia de decisões e caminhos que precisamos escolher. Muitas vezes, nos sentimos confusos sobre o que fazer ou para onde ir. Nessas horas, a Palavra de Deus é essencial para iluminar nossa jornada. Ela é como uma lâmpada que nos mostra o próximo passo e como uma luz que revela a direção certa para o futuro.

A Bíblia não é apenas um livro de histórias ou ensinamentos antigos; ela é viva e eficaz (Hebreus 4:12). Quando lemos e meditamos na Palavra, encontramos sabedoria e direção para nossa vida diária. Através das Escrituras, o Espírito Santo nos fala, nos conforta e nos instrui a caminhar de acordo com a vontade de Deus.

Muitas vezes, queremos ver toda a jornada de uma vez, mas Deus nos dá luz suficiente para dar um passo de cada vez. A confiança na Palavra é essencial para um jovem segundo o coração de Deus. Mesmo quando não entendemos tudo o que está acontecendo, podemos ter certeza de que a Palavra nos guiará e nos manterá no caminho certo.

Assim como um viajante precisa de uma lanterna em um caminho escuro, precisamos da Bíblia para nos manter firmes em um mundo cheio de escuridão e confusão. Quanto mais nos aproximamos das Escrituras, mais preparados estamos para enfrentar as dificuldades da vida e resistir às mentiras que o inimigo tenta lançar sobre nós.

A Palavra de Deus não apenas nos guia, mas também nos transforma. À medida que permitimos que as verdades bíblicas moldem nosso coração e mente, começamos a pensar e agir de acordo com o coração de Deus. Isso nos leva a uma vida de propósito e paz, mesmo em meio às incertezas.

## DESAFIO PRÁTICO

> *Hoje, escolha um trecho da Bíblia e medite nele por alguns minutos. Pergunte ao Espírito Santo como você pode aplicar essa passagem na sua vida. Escreva o versículo escolhido em um papel ou em seu celular e relembre-o ao longo do dia, permitindo que ele ilumine seus pensamentos e decisões.*

# 13. SEMPRE GLORIFICAR!

Assim, quer vocês comam, bebam ou
façam qualquer outra coisa, façam
tudo para a glória de Deus.
1 Coríntios 10:31

Cada detalhe da nossa vida, por mais simples que seja, pode se tornar um meio de glorificar a Deus. A Bíblia nos ensina que tudo o que fazemos – desde as grandes decisões até as pequenas ações diárias – deve refletir a bondade e a santidade do Senhor. Viver para glorificar a Deus é entender que ele é o centro de tudo e que fomos criados para exaltar o seu nome em todas as áreas da nossa existência.

Muitas vezes, pensamos que glorificar a Deus é algo reservado apenas para momentos de culto ou oração. No entanto, a glória de Deus também é revelada na forma como tratamos as pessoas, realizamos nossas tarefas e fazemos escolhas no dia a dia. Um jovem segundo o coração de Deus vive de maneira que cada atitude e palavra reflete o caráter de Cristo.

Paulo nos lembra que até atos comuns, como comer e beber, devem ser feitos para a glória de Deus. Isso significa que nossa vida cotidiana, por mais simples que pareça, é uma oportunidade para adorar a Deus. Trabalhar com excelência, estudar com dedicação e agir com integridade são maneiras de exaltar o nome do Senhor.

Glorificar a Deus também implica viver de forma alinhada aos seus princípios, mesmo quando ninguém está olhando. É fazer o que é certo, não por medo, mas por amor e gratidão ao Senhor. Quando escolhemos agradar a Deus em nossos relacionamentos, escolhas e atitudes, estamos proclamando sua grandeza ao mundo.

Nosso testemunho pode impactar as pessoas ao nosso redor. Quando vivemos para glorificar a Deus, mostramos aos outros o que significa andar com Cristo e confiar plenamente nele. Nossa vida se torna um reflexo do amor e da graça divina, inspirando outros a buscarem o Senhor.

## DESAFIO PRÁTICO

> *Hoje, escolha uma tarefa simples – como ajudar alguém, estudar ou trabalhar – e faça-a com o propósito de glorificar a Deus. Ao longo do dia, pergunte-se: "Estou fazendo isso de uma forma que honra ao Senhor?" Permita que essa pergunta guie suas ações e escolhas.*

# 14. OBEDIÊNCIA QUE TRANSFORMA

Jesus respondeu: Se alguém me ama,
guardará a minha palavra; meu
Pai o amará, nós viremos a ele e
faremos nele morada.
João 14:23

A obediência é um dos maiores sinais de amor a Deus. Jesus nos ensina que quem o ama verdadeiramente obedece à sua Palavra. A obediência não é apenas sobre seguir regras, mas sobre confiar que os mandamentos de Deus são para o nosso bem e nos conduzem à vida abundante que ele preparou.

Muitas vezes, obedecer pode ser difícil, especialmente quando aquilo que Deus nos pede vai contra nossos desejos ou contra o que o mundo considera aceitável. No entanto, cada ato de obediência é uma expressão de fé, mostrando que acreditamos que o plano de Deus é melhor do que o nosso. Através da obediência, somos transformados e moldados à imagem de Cristo.

Abraão é um exemplo de alguém que obedeceu, mesmo sem entender totalmente o que Deus estava fazendo. Ele foi chamado a deixar sua terra e, mais tarde, a sacrificar seu próprio filho, Isaque. Sua obediência foi recompensada, pois ele se tornou pai de muitas nações e viu a fidelidade de Deus em cada etapa. Assim também, Deus nos chama para obedecê-lo em áreas que, às vezes, não compreendemos plenamente.

A obediência é a chave para uma vida de intimidade com Deus. Quanto mais seguimos a voz do Senhor, mais aprendemos a discernir sua vontade e experimentar sua presença em nossa vida. Não se trata apenas de obedecer em grandes decisões, mas também nas pequenas escolhas diárias, como perdoar alguém, ser honesto ou praticar a generosidade.

Deus não espera perfeição, mas sim um coração disposto a seguir a sua direção. Cada ato de obediência fortalece nossa fé e nos aproxima mais do Pai. A obediência nos leva a uma vida de paz, propósito e alegria, pois descobrimos que há grande recompensa em seguir os passos do Senhor.

## DESAFIO PRÁTICO

> *Hoje, identifique uma área em que Deus tem te chamado a obedecer. Pode ser um pedido para perdoar alguém, mudar uma atitude ou tomar uma decisão difícil. Dê um passo prático em direção à obediência e confie que Deus estará com você em cada etapa.*

# 15. CONFIANÇA PLENA EM DEUS

Confie no Senhor de todo o seu coração e não se apoie em seu próprio entendimento; reconheça o Senhor em todos os seus caminhos, e ele endireitará as suas veredas.

Provérbios 3:5-6

Confiar plenamente em Deus é uma escolha diária que exige fé e entrega. Muitas vezes, enfrentamos situações que nos fazem querer controlar tudo com nossas próprias forças, mas Deus nos chama a depositar nossa confiança nele, mesmo quando as coisas não fazem sentido. A confiança plena envolve acreditar que ele está no controle, mesmo em meio às incertezas e desafios da vida.

É natural que, como jovens, tenhamos dúvidas sobre o futuro e preocupações sobre o que está por vir. No entanto, Deus nos convida a lançar sobre Ele todas as nossas ansiedades, pois ele cuida de nós (1 Pedro 5:7). A confiança em Deus nos livra do fardo de tentar entender e resolver tudo por conta própria e nos permite descansar em sua fidelidade.

A Bíblia está cheia de exemplos de homens e mulheres que confiaram no Senhor. José, vendido como escravo pelos próprios irmãos, passou por anos de sofrimento e injustiça, mas nunca deixou de acreditar que Deus tinha um propósito para sua vida. No final, ele foi exaltado e usado por Deus para salvar muitos. Assim também, podemos confiar que Deus está usando cada momento de nossa história para algo maior.

A confiança plena em Deus requer reconhecer que Ele está presente em cada detalhe da nossa vida. Não importa quão pequenos ou grandes sejam os desafios que enfrentamos, ele sempre está ao nosso lado. Quando escolhemos confiar em Deus, ele endireita nossos caminhos e nos conduz ao centro da sua vontade.

À medida que aprendemos a confiar mais nele, nossa fé é fortalecida, e descobrimos que podemos descansar na certeza de que Deus sempre faz o melhor. Mesmo que a resposta demore ou o caminho seja difícil, podemos ter a confiança de que tudo coopera para o nosso bem.

# DESAFIO PRÁTICO

*Hoje, entregue uma preocupação específica nas mãos de Deus. Ore pedindo a direção e a paz do Senhor. Ao longo do dia, sempre que a ansiedade voltar, lembre-se de que Deus está cuidando de você e escolha descansar nele.*

# 16. HUMILHEM-SE

Humilhem-se diante do Senhor, e
ele os exaltará.
Tiago 4:10

Vivemos em uma época que valoriza a autossuficiência e a busca por reconhecimento. No entanto, Deus nos ensina que a verdadeira grandeza vem através da humildade. Ser humilde não é pensar menos de si mesmo, mas pensar menos em si e mais em Deus e nas pessoas ao nosso redor. A humildade é reconhecer nossa total dependência do Senhor em todas as áreas da vida.

Jesus é o maior exemplo de humildade. Ele, sendo Deus, escolheu se esvaziar e viver como servo, obedecendo até à morte na cruz (Filipenses 2:6-8). Em sua vida e ensinamentos, Jesus nos mostrou que, para sermos verdadeiramente grandes, devemos estar dispostos a servir e colocar os outros acima de nós mesmos. Essa atitude nos aproxima do coração de Deus e nos permite viver uma vida cheia de propósito e significado.

A humildade abre espaço para o agir de Deus em nossa vida. Quando nos esvaziamos do orgulho e da necessidade de controle, damos lugar ao Espírito Santo para nos moldar e guiar. Deus resiste aos soberbos, mas dá graça aos humildes (Tiago 4:6). A graça divina nos capacita a viver de forma que agrada ao Senhor, mesmo em meio às lutas e desafios.

A verdadeira exaltação vem do próprio Deus. Quando escolhemos caminhar em humildade, ele se agrada e, no momento certo, nos eleva. Não precisamos lutar por posições ou reconhecimento; quando confiamos no Senhor e servimos de coração, ele abre as portas certas e nos exalta no tempo oportuno.

Ser humilde também significa reconhecer nossas falhas e limitações. Não há problema em admitir que precisamos de ajuda ou que não temos todas as respostas. Deus se agrada de um coração quebrantado e disposto a aprender. Ele não procura perfeição, mas sim sinceridade e um espírito humilde diante dele.

## DESAFIO PRÁTICO

> *Hoje, pratique a humildade intencionalmente: ofereça ajuda a alguém sem esperar nada em troca ou peça perdão se houver algo que precisa ser restaurado. Lembre-se de que o serviço humilde é uma forma poderosa de glorificar a Deus.*

# 17. SEJA OUSADO

PORQUE DEUS NÃO NOS DEU ESPÍRITO DE
COVARDIA, MAS DE PODER, DE AMOR E DE
EQUILÍBRIO.

2 TIMÓTEO 1:7

O medo é uma emoção natural e comum, mas pode nos paralisar e impedir de viver tudo o que Deus tem para nós. Muitas vezes, enfrentamos situações que despertam insegurança: desafios futuros, decisões difíceis ou até medo do fracasso. No entanto, a Bíblia nos lembra que Deus não nos chamou para viver dominados pelo medo, mas para caminharmos em fé e confiança nele.

A fé é a arma que nos permite vencer o medo. Assim como Pedro andou sobre as águas ao fixar os olhos em Jesus, nós também podemos fazer o impossível quando confiamos plenamente no Senhor. Mas, assim como Pedro começou a afundar ao se distrair com o vento e as ondas, também somos tentados a focar nos problemas e não em Deus. A chave é manter nossos olhos no Senhor, independentemente das circunstâncias.

Viver pela fé não significa ausência de medo, mas agir apesar dele. Josué foi chamado por Deus para liderar o povo de Israel, e Deus o encorajou dizendo: "Seja forte e corajoso" (Josué 1:9). Da mesma forma, o Senhor nos fortalece para enfrentar nossos medos e avançar naquilo que ele nos chamou a fazer.

Deus nos dá um espírito de poder, amor e equilíbrio. Isso significa que podemos confiar na força dele para superar qualquer desafio, amar as pessoas ao nosso redor e manter a mente firme em meio às pressões. A cada vez que escolhemos a fé em vez do medo, nossa confiança em Deus cresce e experimentamos a paz que vem do Espírito Santo.

Quando permitimos que o medo nos controle, deixamos de experimentar a plenitude da vida que Deus tem para nós. Mas quando entregamos nossos medos ao Senhor, ele transforma nossas fraquezas em força e nos faz viver em liberdade.

# DESAFIO PRÁTICO

> *Hoje, identifique um medo específico que você tem enfrentado. Ore sobre ele e dê um passo prático de fé, mesmo que pequeno. Pode ser enviar uma mensagem, tomar uma decisão ou começar algo que você tem adiado por medo. Confie que Deus está com você em cada passo.*

# 18. SERVIR É A MAIOR HONRA

Pois nem mesmo o Filho do homem
veio para ser servido, mas para
servir e dar a sua vida em resgate
por muitos.

Marcos 10:45

O mundo nos ensina que a grandeza está em ser servido e reconhecido, mas Jesus nos mostra o contrário. Ele, sendo o próprio Filho de Deus, escolheu se humilhar e servir aos outros. O serviço é uma expressão de amor e humildade, e um jovem segundo o coração de Deus entende que servir ao próximo é uma honra e um privilégio.

O ato de servir não é restrito a grandes gestos; muitas vezes, ele se revela em ações simples do cotidiano: ajudar alguém com uma tarefa, ouvir um amigo ou demonstrar empatia por quem está passando por um momento difícil. O coração servo não espera recompensas, mas encontra alegria em fazer o bem, mesmo sem reconhecimento.

Jesus lavou os pés dos discípulos, uma tarefa reservada aos servos naquela cultura. Ele nos deu o exemplo perfeito de como devemos agir uns com os outros. Servir é mais do que uma ação; é uma atitude do coração. É colocar as necessidades dos outros à frente das nossas e agir com amor, mesmo quando não é conveniente.

Quando escolhemos servir, refletimos o caráter de Cristo e nos tornamos instrumentos do amor de Deus na vida das pessoas. O serviço também nos ajuda a crescer espiritualmente, pois nos ensina a depender de Deus e a lidar com nosso próprio orgulho. Cada ato de serviço é uma oportunidade de adorar ao Senhor, demonstrando que entendemos o valor do amor ao próximo.

A verdadeira honra não está na posição ou no status, mas em se parecer com Jesus através do serviço. O maior no Reino de Deus é aquele que se torna servo de todos (Mateus 23:11). Quando abraçamos essa verdade, encontramos alegria e propósito em fazer a vontade do Pai.

## DESAFIO PRÁTICO

*Hoje, encontre uma forma prática de servir alguém ao seu redor. Pode ser um ato simples, como oferecer ajuda, ouvir com atenção ou demonstrar generosidade. Faça isso com amor e sem esperar nada em troca, sabendo que cada ato de serviço é uma forma de adorar a Deus.*

# 19. O AMOR SUPREMO

Um novo mandamento lhes dou: amem-se uns aos outros. Como eu os amei, vocês devem amar-se uns aos outros.

João 13:34

O amor de Jesus é o maior exemplo de como devemos amar as pessoas ao nosso redor. Ele nos amou de forma incondicional e sacrificial, entregando-se por nós mesmo quando não merecíamos. Jesus não apenas falou sobre o amor, mas o demonstrou através de suas atitudes, especialmente na cruz. Como jovens segundo o coração de Deus, somos chamados a seguir esse exemplo e amar como ele amou.

Amar como Jesus amou significa ir além de palavras e expressar esse amor em ações. Isso envolve perdoar, mesmo quando fomos magoados, servir sem esperar nada em troca e ser compassivo com aqueles que precisam. O amor verdadeiro é paciente e bondoso, e não guarda rancor (1 Coríntios 13:4-7). É um amor que se doa, que se preocupa e que age.

No entanto, amar nem sempre é fácil. Existem momentos em que enfrentamos pessoas difíceis ou situações desafiadoras. Mas é nesses momentos que o amor de Cristo em nós precisa brilhar mais forte. Assim como Jesus amou os pecadores e lavou os pés de seus discípulos, mesmo sabendo que seria traído, somos chamados a demonstrar esse amor em todas as circunstâncias.

Amar como Jesus não depende das emoções do momento, mas de uma decisão intencional de agir com compaixão e misericórdia. Quando escolhemos amar assim, refletimos o caráter de Deus e tocamos a vida das pessoas ao nosso redor. Nosso amor pode ser um testemunho poderoso, revelando a graça e a bondade de Deus aos outros.

Ao viver esse amor, descobrimos que ele transforma tanto quem ama quanto quem é amado. É um amor que quebra barreiras, cura feridas e aproxima pessoas de Deus. O amor de Cristo em nós é uma luz que não pode ser apagada.

## DESAFIO PRÁTICO

*Hoje, escolha alguém em sua vida para quem você possa demonstrar o amor de Cristo. Pode ser através de uma palavra de encorajamento, um ato de serviço ou uma atitude de perdão. Lembre-se de que o amor de Jesus é ativo e transforma vidas.*

# 20. NINGUÉM IRÁ NOS PARAR!

Corramos com perseverança a corrida que nos é proposta.

Hebreus 12:1

A caminhada cristã não é um percurso curto, mas uma jornada longa e cheia de desafios. Em alguns momentos, nos sentimos cansados ou tentados a desistir. No entanto, a Palavra nos encoraja a correr com perseverança, mantendo nossos olhos fixos em Jesus, o autor e consumador da nossa fé. Perseverar significa continuar avançando, mesmo quando os obstáculos parecem insuperáveis.

Assim como um corredor precisa de resistência para chegar à linha de chegada, nós também precisamos de força espiritual para completar a jornada da fé. Essa força não vem de nós mesmos, mas do Senhor, que nos sustenta e renova diariamente. Deus conhece nossas limitações e nos oferece graça e misericórdia para seguir em frente.

Paulo nos compara a atletas que correm para obter uma coroa incorruptível (1 Coríntios 9:24-25). Ele nos lembra de que a vida cristã exige disciplina e determinação. Nem sempre é fácil, mas a recompensa vale a pena. O Senhor nos promete vitória e vida eterna com ele, e cada passo dado em obediência nos aproxima mais dessa meta.

Perseverar é também aprender a lidar com frustrações e quedas. Todos falhamos em algum momento, mas Deus nos convida a nos levantar e continuar. Não importa quantas vezes tropeçamos, o importante é nunca desistir. A cada dificuldade enfrentada, nossa fé é fortalecida e nos tornamos mais semelhantes a Cristo.

Manter a esperança é essencial para perseverar. Sabemos que Deus é fiel e está conosco em cada etapa da jornada. Ele nos dá ânimo quando nos sentimos fracos e nos guia quando o caminho parece incerto. A perseverança não apenas nos mantém na corrida, mas nos ensina a confiar mais profundamente no Senhor.

## DESAFIO PRÁTICO

> *Hoje, pense em uma área da sua vida espiritual em que você tem se sentido desanimado. Ore ao Senhor pedindo renovação e dê um pequeno passo em direção à perseverança – pode ser ler um trecho da Bíblia, orar ou compartilhar sua luta com alguém de confiança.*

# 21. SANTIDADE EM MEIO À PRESSÃO

SEJAM SANTOS, PORQUE EU SOU SANTO.

1 PEDRO 1:16

Santidade é um chamado essencial para todo cristão, especialmente em um mundo que constantemente pressiona para que nos conformemos aos seus padrões. Ser santo significa ser separado para Deus, vivendo de acordo com os princípios dele e refletindo o caráter de Cristo em todas as áreas da vida. Mesmo em meio à pressão, Deus nos capacita a permanecer firmes e fiéis à sua vontade.

A pressão para se encaixar pode ser intensa, seja na escola, no trabalho ou em grupos sociais. Muitas vezes, parece mais fácil ceder para ser aceito ou evitar conflitos. No entanto, a Bíblia nos ensina a não nos conformarmos com este mundo, mas a sermos transformados pela renovação da nossa mente (Romanos 12:2). O caminho da santidade nem sempre é popular, mas é o caminho que agrada a Deus.

Daniel e seus amigos são exemplos de jovens que escolheram viver em santidade mesmo em uma cultura que desonrava a Deus. Eles se recusaram a se contaminar com os costumes da Babilônia e permaneceram fiéis ao Senhor. Como recompensa, Deus os exaltou e os usou para impactar aquela nação. Assim também, o Senhor nos chama para viver de forma diferente, como luz em um mundo cheio de escuridão.

A santidade não é algo que alcançamos por nossas próprias forças, mas um processo que acontece pela ação do Espírito Santo em nossa vida.

Ele nos ajuda a identificar áreas que precisam ser transformadas e nos fortalece para dizer "não" ao pecado. Quando buscamos a Deus com sinceridade, ele nos capacita a viver em pureza e integridade, mesmo sob pressão.

Ser santo é um estilo de vida que glorifica a Deus e nos aproxima dele. A cada escolha que fazemos para honrar o Senhor, experimentamos a alegria e a paz que vêm de viver na vontade dele. A santidade não é um peso, mas uma libertação, pois nos permite viver de acordo com o propósito para o qual fomos criados.

## DESAFIO PRÁTICO

*Hoje, identifique uma área em que você tem enfrentado pressão para se conformar ao mundo. Ore pedindo forças a Deus e faça uma escolha prática para viver de acordo com a vontade dele – seja evitando uma conversa, um hábito ou uma atitude que não agrada ao Senhor.*

# 22. RENOVANDO A MENTE EM CRISTO

Não se amoldem ao padrão deste
mundo, mas transformem-se pela
renovação da sua mente, para que
sejam capazes de experimentar
e comprovar a boa, agradável e
perfeita vontade de Deus.
Romanos 12:2

Nossa mente é um campo de batalha onde pensamentos negativos, dúvidas e mentiras do inimigo tentam ganhar espaço. No entanto, Deus nos chama a renovar nossa mente com a verdade da sua Palavra. Essa renovação é essencial para vivermos segundo o coração de Deus e experimentarmos a plenitude do propósito dele para nossa vida.

O processo de renovação mental exige intencionalidade. Assim como cuidamos do corpo, precisamos cuidar dos pensamentos, alimentando a mente com as Escrituras. O que lemos, ouvimos e meditamos diariamente molda nosso modo de pensar e agir. Por isso, devemos buscar encher nossa mente com aquilo que é verdadeiro, nobre e digno de louvor (Filipenses 4:8).

Muitas vezes, somos tentados a nos amoldar aos padrões do mundo: comparações, medos e preocupações podem nos afastar da verdade de Deus. A renovação da mente nos liberta dessas amarras e nos ajuda a enxergar a vida sob a perspectiva do Reino. Ela nos dá discernimento para fazer escolhas alinhadas com a vontade divina e resistir às mentiras que tentam nos desviar do caminho certo.

Jesus nos mostrou a importância de vencer pensamentos errados com a Palavra. No deserto, ao ser tentado, ele declarou as verdades das Escrituras, resistindo às investidas do inimigo. Assim também, somos chamados a usar a Palavra como uma arma espiritual, renovando a mente para vencer as tentações e pressões diárias.

Renovar a mente não acontece de uma vez por todas, mas é um processo contínuo. A cada dia, temos a oportunidade de substituir pensamentos negativos por verdades bíblicas e permitir que o Espírito Santo molde nossa forma de pensar. Quanto mais renovamos nossa mente em Cristo, mais vivemos em paz e alinhados com a vontade de Deus.

## DESAFIO PRÁTICO

> *Hoje, escolha um pensamento negativo ou mentira que você tem carregado e substitua por uma verdade bíblica. Anote um versículo relacionado e medite nele ao longo do dia, permitindo que ele renove sua mente e transforme sua forma de pensar.*

# 23. TUDO POSSO!

Tudo posso naquele que me fortalece.

Filipenses 4:13

Todos enfrentamos momentos de provocação e injustiça, seja na escola, no trabalho ou nas relações pessoais. Ser provocado pode despertar raiva, tristeza e a vontade de reagir impulsivamente. No entanto, um jovem segundo o coração de Deus aprende a lidar com essas situações de maneira sábia, confiando que a força para agir corretamente vem do Senhor.

Jesus é nosso maior exemplo de paciência e autocontrole. Ele foi insultado, ridicularizado e injustamente condenado, mas escolheu não responder com ódio. Em vez disso, ele perdoou e demonstrou amor até para com seus inimigos. Como seus seguidores, somos chamados a seguir o mesmo caminho, confiando na força que vem de Deus para reagir com graça e mansidão.

Reagir de maneira piedosa em meio às provocações exige domínio próprio e uma profunda confiança em Deus. Isso não significa ser passivo ou aceitar injustiças, mas agir de forma que glorifique ao Senhor. Paulo nos lembra que podemos enfrentar qualquer situação, pois é Cristo quem nos fortalece. Essa força nos capacita a manter a calma e a responder de maneira sábia, mesmo quando somos desafiados.

Além disso, as provocações são oportunidades de crescimento espiritual. Quando enfrentamos essas situações com paciência e amor, nosso caráter é moldado e nos tornamos mais parecidos com Cristo. Cada vez que escolhemos a mansidão em vez da ira, damos um testemunho poderoso do poder transformador de Deus em nossa vida.

Lidar com provocações também nos ensina a confiar que Deus é justo e que ele cuida de todas as coisas. Não precisamos nos vingar ou tentar resolver tudo com nossas próprias forças. O Senhor nos chama a lançar sobre ele nossas ansiedades e confiar que ele fará justiça no tempo certo.

## DESAFIO PRÁTICO

*Hoje, se você enfrentar alguma provocação ou situação difícil, escolha responder com calma e amor. Ore pedindo força ao Senhor e, em vez de reagir impulsivamente, busque uma forma de demonstrar o caráter de Cristo.*

# 24. A CORAGEM DE PERDOAR

Suportem-se uns aos outros e perdoem as queixas que tiverem uns contra os outros. Perdoem como o Senhor lhes perdoou.

Colossenses 3:13

O perdão é um dos atos mais difíceis, mas também mais libertadores que podemos realizar. Guardar rancor e mágoas apenas nos aprisiona e nos afasta da paz que Deus deseja para nós. Quando perdoamos, seguimos o exemplo de Jesus, que perdoou nossos pecados na cruz e nos ensinou a perdoar de coração aqueles que nos ofenderam.

O perdão não significa justificar o erro ou esquecer o que aconteceu, mas é uma escolha de não permitir que a ofensa continue nos ferindo. Ele é uma decisão que nasce da obediência a Deus e da confiança de que ele cuidará de todas as coisas. A falta de perdão, por outro lado, pode se transformar em um peso que nos impede de viver plenamente a vida que Deus nos chama a viver.

Jesus nos ensinou na oração do Pai Nosso: "Perdoa as nossas dívidas, assim como perdoamos aos nossos devedores" (Mateus 6:12). Isso nos mostra que, assim como Deus nos perdoa de maneira completa, somos chamados a liberar perdão aos outros. Esse perdão pode ser para amigos, familiares ou até para nós mesmos, quando carregamos culpa por falhas passadas.

Perdoar exige coragem. Muitas vezes, parece mais fácil guardar ressentimento do que liberar perdão, mas é através desse ato que encontramos verdadeira liberdade. Quando escolhemos perdoar, damos um passo em direção à cura e à reconciliação, permitindo que Deus transforme as feridas em testemunhos de restauração.

O perdão também nos faz crescer espiritualmente, pois nos ensina a confiar na justiça de Deus e a agir com misericórdia. Cada vez que perdoamos, nos tornamos mais parecidos com Cristo e experimentamos a paz que só ele pode dar.

## DESAFIO PRÁTICO

> *Hoje, pense em alguém que você precisa perdoar. Ore por essa pessoa e peça a Deus que encha seu coração de amor e misericórdia. Se possível, entre em contato com essa pessoa e libere perdão, deixando para trás as mágoas do passado.*

# 25. DAI GRAÇAS!

Deem graças em todas as circunstâncias, pois esta é a vontade de Deus para vocês em Cristo Jesus.

1 Tessalonicenses 5:18

A gratidão é um ato poderoso que transforma nossa maneira de enxergar a vida. Em vez de focarmos no que falta, a gratidão nos faz reconhecer as bênçãos que já recebemos. Viver uma vida de gratidão, mesmo em meio a desafios, é uma expressão de confiança em Deus e no Seu cuidado constante por nós.

Nem sempre é fácil ser grato quando enfrentamos dificuldades, mas a Bíblia nos chama a agradecer em todas as circunstâncias. Isso não significa ignorar os problemas, mas enxergá-los com a perspectiva correta: sabendo que Deus está no controle e que todas as coisas cooperam para o nosso bem (Romanos 8:28). A gratidão muda nosso coração e nos ajuda a enfrentar as lutas com esperança e alegria.

Um exemplo inspirador de gratidão é o apóstolo Paulo. Mesmo preso e enfrentando perseguições, ele continuava louvando a Deus e encorajando os outros a fazerem o mesmo. A gratidão de Paulo não dependia das circunstâncias externas, mas da certeza de que Deus estava sempre presente em sua vida.

Quando somos gratos, desenvolvemos um coração mais sensível à presença de Deus e mais disposto a enxergar suas bênçãos diárias. A gratidão nos ajuda a vencer a ansiedade e nos ensina a depender do Senhor em cada situação. Ela é um ato de adoração que glorifica a Deus e nos aproxima dele.

A prática diária da gratidão transforma nossa mente e fortalece nosso espírito. Mesmo nos momentos difíceis, sempre há algo pelo qual podemos agradecer: o amor de Deus, a salvação em Cristo, a provisão diária e o conforto do Espírito Santo. A gratidão é uma escolha que traz paz e nos faz enxergar a vida com os olhos da fé.

## DESAFIO PRÁTICO

*Hoje, escreva cinco coisas pelas quais você é grato, mesmo que esteja enfrentando desafios. Ao longo do dia, relembre essas bênçãos e louve a Deus por cada uma delas. Compartilhe com alguém uma coisa pela qual você é grato e incentive essa pessoa a fazer o mesmo.*

# 26. AJA, AGORA!

ASSIM COMO O CORPO SEM ESPÍRITO
ESTÁ MORTO, TAMBÉM A FÉ SEM OBRAS
ESTÁ MORTA.

TIAGO 2:17

A fé é a base da vida cristã, mas ela precisa ser expressa através de ações. Não basta apenas acreditar em Deus; é necessário que essa crença se manifeste em atitudes concretas. Um jovem segundo o coração de Deus é alguém que une fé e ação, vivendo de forma coerente com o que acredita.

Jesus nos ensinou que quem ouve suas palavras e as coloca em prática é semelhante a um homem sábio que construiu sua casa sobre a rocha (Mateus 7:24-25). A verdadeira fé não se limita a palavras, mas se reflete nas escolhas e ações do dia a dia. Essa fé ativa é visível quando nos posicionamos em favor do que é certo, ajudamos o próximo e perseveramos em meio aos desafios.

Abraão é um exemplo poderoso de fé em ação. Ele não apenas creu na promessa de Deus, mas obedeceu e seguiu para uma terra desconhecida, confiando que o Senhor cumpriria suas palavras. Assim também, somos chamados a dar passos de fé, mesmo quando não vemos claramente o caminho à nossa frente.

A fé acompanhada de obras também nos torna testemunhas vivas do poder de Deus. O mundo precisa ver cristãos que agem de acordo com sua fé, demonstrando amor, justiça e misericórdia. Cada vez que agimos em obediência ao Senhor, impactamos as pessoas ao nosso redor e mostramos o caráter de Cristo em nós.

A fé verdadeira é dinâmica e nos impulsiona a agir. Ela nos motiva a enfrentar desafios, ajudar quem precisa e confiar que Deus está no controle de todas as situações. Quanto mais praticamos a fé, mais ela cresce e se fortalece, nos tornando cada vez mais parecidos com Jesus.

## DESAFIO PRÁTICO

> *Hoje, escolha uma forma prática de colocar sua fé em ação. Pode ser ajudar alguém, compartilhar o amor de Deus com uma pessoa ou tomar uma decisão corajosa baseada nos princípios bíblicos. Lembre se: cada ato de fé faz diferença.*

# 27. IDENTIDADE EM CRISTO

Portanto, se alguém está em Cristo, nova criatura é; as coisas antigas já passaram; eis que tudo se fez novo.

2 Coríntios 5:17

A identidade é uma questão central na vida de qualquer jovem. Em um mundo que constantemente nos diz quem devemos ser e como devemos agir, é vital entender nossa verdadeira identidade em Cristo. Ao aceitarmos Jesus como Senhor e Salvador, nos tornamos novas criaturas, e isso transforma não apenas o nosso futuro, mas também a nossa visão sobre nós mesmos e sobre o mundo.

Ser nova criatura significa que, em Cristo, recebemos um novo propósito, novos valores e uma nova forma de enxergar a vida. Não somos mais definidos por nossos erros, falhas ou pelo que os outros pensam de nós, mas pela verdade de que somos amados e aceitos por Deus. Essa nova identidade nos dá segurança e liberdade para viver de maneira autêntica.

Como jovens em Cristo, somos chamados a refletir o caráter de Deus em nossas vidas. A Palavra nos ensina que somos filhos e filhas de Deus, herdeiros da sua promessa (Gálatas 3:26-29). Essa verdade nos capacita a viver com confiança e a agir de acordo com a vontade dele, mesmo em meio a pressões externas e expectativas sociais.

A compreensão da nossa identidade em Cristo também nos ajuda a lidar com a comparação e a insegurança. Em vez de nos medirmos pelos padrões do mundo, somos chamados a encontrar nossa autoestima na aceitação que temos em Jesus. Ele nos formou com um propósito único e especial, e devemos abraçar quem somos nele.

É crucial que nos alimentemos da Palavra de Deus e busquemos constantemente nossa identidade em Cristo. Quanto mais conhecemos quem somos em Deus, mais seguros nos tornamos em nossa caminhada e mais impactamos aqueles ao nosso redor. Vivendo a partir dessa nova identidade, glorificamos a Deus e trazemos luz ao mundo.

## DESAFIO PRÁTICO

> *Hoje, escreva em um papel ou em seu celular três verdades sobre a sua identidade em Cristo. Leia essas verdades em voz alta e medite nelas ao longo do dia. Lembre-se de que você é amado, aceito e criado para um propósito especial por Deus.*

# 28. FELICIDADE NÃO É ESTAR, É SER

COMO É FELIZ AQUELE QUE NÃO SEGUE
O CONSELHO DOS ÍMPIOS, NÃO IMITA
A CONDUTA DOS PECADORES, NEM SE
ASSENTA NA RODA DOS ZOMBADORES!*
SALMOS 1:1

O primeiro versículo do livro de Salmos nos apresenta uma chave para a verdadeira felicidade: a escolha dos nossos caminhos. Somos chamados a evitar os conselhos, atitudes e influências que nos afastam de Deus. A felicidade verdadeira não está em seguir a correnteza do mundo, mas em caminhar segundo os valores do Reino. Aqueles que buscam a sabedoria de Deus encontram uma alegria que não depende das circunstâncias e que se renova a cada dia em sua presença.

Quando o salmista fala sobre "não seguir o conselho dos ímpios" ou "não se assentar na roda dos zombadores", ele nos lembra que as influências ao nosso redor moldam nosso coração e nossa visão. Ao escolhermos ouvir a voz de Deus em vez das vozes que promovem valores contrários aos dele, cultivamos uma vida enraizada na verdade e em seus princípios. Essa escolha pode ser desafiadora, mas ela nos direciona a uma paz e a uma alegria que só o Senhor pode conceder.

Seguir o caminho que Deus traçou envolve discernimento e coragem para nos afastarmos daquilo que nos desvia dele. Esse compromisso requer uma vigilância constante, pois as pressões do mundo são reais e persistentes. No entanto, ao permanecermos fiéis à sua Palavra, descobrimos uma felicidade que transcende o entendimento e que nos fortalece em qualquer situação.

A felicidade descrita em Salmos 1 não é apenas uma emoção passageira, mas uma bem-aventurança duradoura. Ao nos colocarmos sob a orientação de Deus, somos como árvores plantadas junto a ribeiros, que florescem e frutificam no tempo certo. Esse é o resultado de uma vida consagrada, que recusa o mal e se volta completamente para o Senhor.

## DESAFIO PRÁTICO

> *Hoje, examine as influências em sua vida. Reflita sobre amizades, conselhos e hábitos que podem estar desviando você da vontade de Deus. Busque substituir essas influências por momentos de oração, leitura da Palavra e comunhão com aqueles que compartilham da mesma fé.*

# 29. SEJA ÍNTEGRO

Quem anda em integridade anda seguro, mas quem perverte os seus caminhos será conhecido.

Provérbios 10:9

A integridade é um valor fundamental na vida de um jovem que busca viver segundo o coração de Deus. Ela se refere à qualidade de ser honesto e ter princípios sólidos que guiam nossas ações e decisões. Em um mundo que frequentemente valoriza a aparência e o sucesso a qualquer custo, a integridade se torna um testemunho poderoso da fé que professamos.

A Bíblia nos ensina que aqueles que andam em integridade estão seguros. Isso significa que viver de forma ética e verdadeira nos proporciona uma base firme, mesmo em tempos de provação. A integridade nos ajuda a construir relacionamentos sólidos e confiáveis, pois as pessoas podem contar com a nossa palavra e ações. Quando somos íntegros, refletimos o caráter de Deus e sua fidelidade.

O exemplo de José no Egito é um grande testemunho de integridade. Ele enfrentou tentação e adversidade, mas escolheu permanecer fiel a Deus, mesmo quando isso significava rejeitar a oferta de poder e prazer. Sua integridade não passou despercebida, e Deus o exaltou em sua vida. Assim, somos chamados a permanecer firmes em nossos valores, mesmo quando o mundo nos pressiona a ceder.

Viver em integridade também significa ser autêntico, tanto em público quanto em privado. Não devemos agir de uma maneira na igreja e de outra na escola ou em casa. A integridade nos convida a sermos a mesma pessoa em todos os ambientes, alinhando nossos pensamentos, palavras e ações com a verdade de Deus. Essa autenticidade traz liberdade e paz, pois não precisamos viver com medo de sermos descobertos ou expostos.

Quando nos comprometemos a andar em integridade, nos tornamos luz em um mundo de escuridão. Nossa vida pode inspirar outros a buscar a verdade e a justiça. A integridade não é apenas uma característica, mas uma forma de honrar a Deus em tudo o que fazemos, e é um pilar essencial para uma vida cristã autêntica.

## DESAFIO PRÁTICO

*Hoje, pense em uma situação em que você pode demonstrar integridade. Pode ser em uma conversa, na escola ou no trabalho. Escolha agir de maneira ética e honesta, mesmo que isso signifique abrir mão de algo que você desejava. Lembre-se de que a integridade traz segurança e paz ao coração.*

# 30. O PODER DE UM TESTEMUNHO VIVO

Vocês são a luz do mundo. Não se pode esconder uma cidade situada sobre um monte.

Mateus 5:14

Cada cristão é chamado a ser um testemunho vivo do amor e da graça de Deus. Viver de forma autêntica e refletir a luz de Cristo é um chamado que não deve ser subestimado. Em um mundo cheio de escuridão e incertezas, a luz que brilha através de nossas ações e palavras pode impactar vidas e transformar corações.

Jesus nos ensina que somos a luz do mundo, e essa luz não deve ser escondida. Ela deve brilhar, mostrando a verdade e a esperança que encontramos nele. Isso significa que devemos viver de maneira que glorifique a Deus em todas as áreas da nossa vida – em nossas interações diárias, em nossos estudos e em nossas relações. Quando fazemos isso, estamos dando um testemunho poderoso da nossa fé.

Um testemunho vivo não é apenas sobre palavras, mas sobre ações que demonstram o caráter de Cristo. Isso envolve agir com amor, bondade e integridade, mesmo em situações desafiadoras. As pessoas ao nosso redor estão sempre observando e muitas vezes são mais influenciadas por nossas ações do que por nossas palavras. Um exemplo de vida que reflete a luz de Cristo pode levar outros a quererem conhecer mais sobre ele.

Além disso, um testemunho sincero é aquele que reconhece nossas falhas e a necessidade de arrependimento. Não precisamos ser perfeitos; na verdade, nossa vulnerabilidade pode ser uma porta de entrada para o evangelho. Ao compartilharmos nossas histórias de como Deus nos transformou, inspiramos outros a buscarem a mesma mudança em suas vidas.

Quando vivemos como testemunhas de Cristo, nos tornamos agentes de transformação. A luz de Deus em nós não só nos ilumina, mas também ilumina o caminho para os outros. Ao permitir que nossa luz brilhe, estamos cumprindo o mandamento de Jesus e contribuindo para a construção de um mundo mais justo e cheio de amor.

## DESAFIO PRÁTICO

> *Hoje, pense em uma maneira de ser um testemunho vivo para alguém. Pode ser através de uma palavra de encorajamento, um gesto de bondade ou compartilhando sua fé. Deixe que a luz de Cristo brilhe em você e através de você, impactando a vida de outra pessoa.*

# 31 SENDO LUZ EM UM MUNDO ESCURO

Assim brilha a luz de vocês diante dos homens, para que vejam as suas boas obras e glorifiquem a seu Pai que está nos céus.

Mateus 5:16

Como jovens cristãos, somos chamados a ser luz em um mundo que muitas vezes está cheio de escuridão e confusão. Jesus nos instrui a deixar nossa luz brilhar, para que as pessoas vejam nossas boas obras e glorifiquem a Deus. Isso significa que nossas ações e comportamentos devem refletir a luz de Cristo, apontando outros para a verdade e a esperança que encontramos Nele.

A luz é um símbolo de verdade, amor e pureza. Ao viver de forma íntegra, generosa e amorosa, estamos emitindo essa luz em meio à escuridão. Cada pequena ação, desde um sorriso até um ato de bondade, pode ter um impacto significativo na vida de alguém. Às vezes, as pessoas ao nosso redor estão lutando em silêncio, e nosso testemunho de amor pode ser a luz que elas tanto precisam.

É importante lembrar que ser luz não significa ser perfeito, mas sim ser autêntico. Devemos estar dispostos a reconhecer nossas fraquezas e a compartilhar como Deus nos ajuda em nossas lutas. Quando falhamos e confessamos, isso também é uma forma de brilhar a luz de Cristo, mostrando que todos nós precisamos da graça de Deus.

Viver como luz também envolve nos afastar da escuridão. Precisamos tomar cuidado com o que consumimos, com quem nos associamos e com os ambientes que frequentamos. A luz não pode se misturar à escuridão; é fundamental manter nossa identidade em Cristo, vivendo de acordo com seus ensinamentos e valores.

Ao brilhar a luz de Cristo, nos tornamos instrumentos de transformação no mundo. O amor e a verdade que emanamos podem trazer esperança e renovação, fazendo com que as pessoas vejam que existe um Deus que se importa e deseja um relacionamento com elas. A luz que brilha em nós é um convite para que outros também encontrem a verdadeira luz, que é Jesus.

## DESAFIO PRÁTICO

*Hoje, identifique uma área em que você pode brilhar como luz para alguém. Isso pode ser oferecendo apoio a um amigo, ajudando um colega ou realizando um ato de bondade. Esteja atento às oportunidades de ser uma luz no dia a dia e permita que a luz de Cristo se manifeste através de você.*

# 32. NADA NOS SEPARARÁ

COMO ESTÁ ESCRITO: "POR AMOR DE TI ENFRENTAMOS A MORTE TODOS OS DIAS; SOMOS CONSIDERADOS COMO OVELHAS DESTINADAS AO MATADOURO." MAS EM TODAS ESTAS COISAS SOMOS MAIS QUE VENCEDORES, POR MEIO DAQUELE QUE NOS AMOU. POIS ESTOU CONVENCIDO DE QUE NEM MORTE NEM VIDA, NEM ANJOS NEM DEMÔNIOS, NEM O PRESENTE NEM O FUTURO, NEM QUAISQUER PODERES, NEM ALTURA NEM PROFUNDIDADE, NEM QUALQUER OUTRA COISA NA CRIAÇÃO SERÁ CAPAZ DE NOS SEPARAR DO AMOR DE DEUS QUE ESTÁ EM CRISTO JESUS, NOSSO SENHOR.

ROMANOS 8:36-39

Essa passagem nos lembra do amor inabalável de Deus por nós, mesmo em meio às circunstâncias mais difíceis. Paulo descreve a vida cristã como uma jornada que pode trazer sofrimentos e desafios, mas ele afirma com convicção que nada — absolutamente nada — pode nos separar do amor de Deus. Esse amor é mais forte que a morte, mais profundo que qualquer dor e mais constante que as incertezas da vida. Saber que somos amados incondicionalmente nos dá uma força interior que o mundo não pode abalar.

Somos lembrados de que, apesar das lutas, somos mais que vencedores em Cristo. Isso não significa que estaremos isentos de dificuldades, mas que, em cada situação, Deus nos capacita a superar e nos concede sua paz. Quando enfrentamos medo, angústia ou até perseguição, podemos ter certeza de que Deus está conosco, sustentando-nos e nos amparando. O amor dele é a âncora que nos mantém firmes, mesmo em águas turbulentas.

Esse amor nos dá a segurança de que, independentemente do que aconteça ao nosso redor, estamos nas mãos de Deus. Nem forças espirituais, nem circunstâncias presentes ou futuras, nem qualquer poder neste mundo pode nos arrancar dos braços do Pai. Esse é o amor sacrificial de Cristo, que deu sua vida por nós e agora nos garante que estamos eternamente seguros em seu cuidado.

Viver com essa certeza nos leva a uma fé mais profunda e a uma confiança inabalável no amor de Deus. Não importa o que enfrentemos, podemos repousar na segurança de que somos preciosos para ele e que sua presença estará conosco todos os dias, até o fim. Em Cristo, encontramos a plenitude do amor de Deus, que jamais nos abandona.

## DESAFIO PRÁTICO

*Hoje, reflita sobre as situações em sua vida que trazem medo ou insegurança. Escreva uma oração de entrega, declarando que você confia no amor de Deus em cada área da sua vida. Sempre que o medo surgir, lembre-se das palavras de Romanos 8:36-39 e reafirme sua confiança de que nada pode separá-lo do amor de Deus.*

# 33. NÃO DESPREZE OS PEQUENOS COMEÇOS

POIS QUEM DESPREZA O DIA DAS PEQUENAS COISAS SERÁ MUITO ALEGRE.

ZACARIAS 4:10

Na jornada da vida cristã, é fácil perdermos a visão do valor dos pequenos começos. Muitas vezes, estamos tão focados nos grandes objetivos e conquistas que ignoramos as pequenas oportunidades que Deus coloca em nosso caminho. No entanto, a Bíblia nos ensina que grandes coisas podem surgir de começos modestos e que devemos valorizar cada passo que damos em direção ao nosso propósito.

Zacarias nos lembra que o Senhor se alegra com os pequenos começos. Cada passo que damos na fé, cada ato de obediência e cada decisão de seguir a Deus são importantes. Esses momentos podem parecer insignificantes, mas são as sementes que, quando cuidadas, podem se transformar em grandes colheitas. Um jovem que entende isso aprende a apreciar cada etapa do crescimento espiritual.

Jesus frequentemente usou a metáfora da semente para ilustrar o Reino de Deus. Uma pequena semente de mostarda, quando plantada, pode crescer e se tornar uma árvore grande (Mateus 13:31-32). Isso nos ensina que, mesmo que nossas ações pareçam pequenas ou sem impacto, Deus pode usá-las para algo extraordinário. Não devemos desprezar os pequenos começos, pois Deus os usa para moldar nosso caráter e nos preparar para maiores responsabilidades.

Cada dia é uma nova oportunidade de dar um pequeno passo em direção a Deus. Isso pode significar dedicar alguns minutos a mais em oração, ler um capítulo da Bíblia ou servir alguém em necessidade. Esses pequenos atos de fé são poderosos e podem transformar vidas – a nossa e a dos outros.

Se você se sentir desencorajado por causa da lentidão do seu progresso ou pela pequenez dos seus esforços, lembre-se de que Deus está trabalhando em você. O crescimento espiritual é um processo contínuo, e cada pequeno passo conta. Valorize cada momento e confie que Deus está com você em cada parte da jornada.

## DESAFIO PRÁTICO

*Hoje, identifique uma área da sua vida onde você pode dar um pequeno passo de fé. Pode ser iniciar um novo hábito devocional, ajudar alguém ou fazer uma lista de oração. Lembre-se de que cada pequena ação é valiosa e pode levar a grandes resultados.*

# 34. A ESPERANÇA QUE NÃO DECEPCIONA

E a esperança não nos decepciona,
porque Deus derramou o seu amor
em nossos corações pelo Espírito
Santo que nos foi dado.

Romanos 5:5

A esperança é um dos pilares da nossa fé. Em um mundo repleto de incertezas e desafios, é natural que enfrentemos momentos de desânimo e dúvida. No entanto, a esperança que encontramos em Deus é uma âncora segura, que nos sustenta e nos dá força para continuar, mesmo quando as circunstâncias parecem desfavoráveis.

A Bíblia nos ensina que a esperança não decepciona porque está fundamentada no amor de Deus, que é derramado em nossos corações pelo Espírito Santo. Isso significa que nossa esperança não se baseia em expectativas humanas ou em promessas vazias, mas na fidelidade e na bondade do Senhor. Ele sempre cumpre suas promessas, e podemos confiar que ele está trabalhando em nossas vidas, mesmo quando não conseguimos ver.

Um exemplo inspirador de esperança é encontrado na vida de Jó. Ele enfrentou perdas inimagináveis e sofrimento intenso, mas mesmo assim, manteve sua confiança em Deus. Jó declarou: "Ainda que ele me mate, nele esperarei" (Jó 13:15). Sua fé e esperança em Deus o sustentaram em meio à dor e, no final, ele experimentou a restauração e a bênção de Deus.

Quando colocamos nossa esperança em Deus, somos fortalecidos. A esperança nos encoraja a perseverar e a crer que dias melhores virão. Mesmo em tempos de dificuldades, a esperança nos dá a coragem de levantar a cabeça e continuar caminhando, sabendo que Deus está ao nosso lado.

A esperança também nos ajuda a viver com propósito. Quando sabemos que Deus tem um plano para nossas vidas, somos motivados a seguir em frente, mesmo diante de desafios. A esperança nos capacita a sonhar e a acreditar que Deus pode fazer novas todas as coisas.

## DESAFIO PRÁTICO

> *Hoje, escreva uma lista de coisas pelas quais você tem esperança. Pode ser em relação ao futuro, a relacionamentos ou à sua vida espiritual. Reflita sobre cada item e ore por eles, entregando suas esperanças nas mãos de Deus. Permita que a expectativa e a alegria do Senhor renovem seu coração.*

# 35. AMANDO E HONRANDO OS PAIS

Honra teu pai e tua mãe, para que
te prolonguem os dias na terra
que o Senhor teu Deus te dá.
Êxodo 20:12

A relação com os pais é uma das mais importantes em nossas vidas, e honrá-los é um mandamento que Deus nos deu. Amar e respeitar nossos pais não só traz bênçãos sobre nós, mas também reflete o caráter de Cristo em nossas vidas. Mesmo quando enfrentamos desafios e desentendimentos, a Bíblia nos chama a praticar a honra e o amor em nosso relacionamento com eles.

Honrar os pais não significa que precisamos concordar com tudo que eles fazem ou dizem, mas implica um profundo respeito e reconhecimento pelo papel que desempenham em nossas vidas. Eles foram usados por Deus para nos trazer ao mundo e, em muitos casos, nos guiar em nossos primeiros passos. Este mandamento nos ensina a valorizar e apreciar suas contribuições, mesmo quando não compreendemos suas decisões.

Os jovens frequentemente enfrentam a tentação de se afastar ou desconsiderar a autoridade dos pais, especialmente durante a adolescência e juventude. No entanto, Deus nos ensina que honrar os pais é parte fundamental de viver uma vida que agrada a ele. Quando escolhemos ser obedientes e respeitosos, estamos nos alinhando à vontade de Deus e promovendo um ambiente familiar saudável.

Além disso, honrar os pais não se limita apenas à obediência, mas também envolve mostrar amor e gratidão. Um simples gesto de carinho, como um telefonema, um elogio ou um tempo de qualidade juntos, pode fortalecer o relacionamento e criar memórias valiosas. Quando expressamos amor e cuidado, estamos seguindo o exemplo de Cristo, que sempre demonstrou amor e respeito.

Lembre-se de que honrar os pais é um testemunho da nossa fé. Ao fazermos isso, estamos não apenas obedecendo a um mandamento, mas também refletindo o amor de Deus para a nossa família e para o mundo. A honra traz bênçãos e contribui para um lar mais harmonioso e cheio de amor.

## DESAFIO PRÁTICO

*Hoje, encontre uma maneira de mostrar amor e honra aos seus pais. Pode ser escrevendo uma carta, fazendo uma refeição para eles ou simplesmente passando um tempo juntos. Expresse sua gratidão e mostre que você valoriza o que eles representam em sua vida.*

# 36. ANDANDO NO ESPÍRITO E NÃO NA CARNE

DIGO, PORÉM: ANDEM PELO ESPÍRITO,
E DE MODO NENHUM SATISFARÃO OS
DESEJOS DA CARNE.
GÁLATAS 5:16

Viver segundo o Espírito é um convite de Deus para que possamos experimentar uma vida plena e transformadora. Quando escolhemos andar no Espírito, estamos decidindo submeter nossos desejos e vontades à direção de Deus, permitindo que ele nos guie em cada passo. Essa é uma luta constante entre os desejos da carne e os propósitos divinos, mas a vitória está disponível para aqueles que confiam em Deus.

A carne representa nossos desejos egoístas, que muitas vezes nos afastam de Deus e de seu propósito para nós. Esses desejos podem incluir não apenas ações visíveis, mas também pensamentos e atitudes que não estão alinhados com a vontade de Deus. Ao contrário, andar no Espírito é buscar viver em obediência e submissão ao que o Espírito Santo nos ensina através da Palavra de Deus.

Quando vivemos no Espírito, produzimos frutos que refletem o caráter de Cristo: amor, alegria, paz, longanimidade, bondade, fidelidade, mansidão e domínio próprio (Gálatas 5:22-23). Esses frutos não são apenas para nosso benefício pessoal, mas também para edificar e abençoar aqueles que estão ao nosso redor. Uma vida cheia do Espírito é uma vida que irradia luz e esperança para o mundo.

A prática de andar no Espírito envolve oração, meditação na Palavra e a busca por um relacionamento íntimo com Deus. À medida que nos dedicamos a conhecer mais a Deus e a nos submeter à sua vontade, nossa capacidade de resistir aos desejos da carne aumenta. É um processo contínuo, mas gratificante.

Lembre-se de que não estamos sozinhos nessa jornada. O Espírito Santo está conosco, nos guiando e fortalecendo em cada passo. Ele nos ajuda a discernir entre o que é bom e o que não é, e nos dá a força para escolher o caminho da vida e da santidade. Andar no Espírito é a chave para uma vida de vitória e plenitude em Cristo.

## DESAFIO PRÁTICO

> *Hoje, tire um tempo para orar e pedir ao Espírito Santo que revele qualquer área da sua vida onde você tem se deixado levar pelos desejos da carne. Comprometa-se a tomar uma decisão que reflita a vontade de Deus nessa área, buscando andar no Espírito em vez de se apoiar em suas próprias forças.*

# 37. OUVINDO A VOZ DE DEUS

As minhas ovelhas ouvem a minha voz, e eu as conheço, e elas me seguem.

João 10:27

Ouvir a voz de Deus é fundamental para a vida cristã. Como jovens que buscam viver segundo o coração de Deus, precisamos desenvolver uma sensibilidade para discernir a voz do Senhor em meio a tantas vozes e distrações que nos cercam. Jesus nos ensina que suas ovelhas ouvem sua voz e o seguem, o que implica que conhecer a Deus e ouvir sua orientação é um aspecto vital do nosso relacionamento com ele.

A voz de Deus pode se manifestar de várias maneiras: através da Bíblia, da oração, da adoração e até mesmo por meio de conselhos de irmãos na fé. É essencial que, para ouvir a voz de Deus, estejamos dispostos a parar, silenciar nossas preocupações e prestar atenção ao que ele tem a nos dizer. O Senhor não grita; muitas vezes, ele fala suavemente em nosso interior. Por isso, é necessário um coração disposto e atento.

A prática de estar na presença de Deus, buscando-o em oração e leitura da Palavra, nos ajuda a reconhecer sua voz. Quanto mais nos familiarizamos com as Escrituras, mais fácil se torna discernir o que é de Deus e o que não é. A Palavra é viva e eficaz, e através dela, Deus nos fala diretamente e nos guia em nosso caminho.

Além disso, é importante lembrar que ouvir a voz de Deus requer disposição para obedecer.

Quando ele fala, precisamos estar prontos para agir conforme sua direção, mesmo que isso signifique sair da nossa zona de conforto. A obediência ao que Deus nos diz é uma demonstração de confiança e fé, e nos leva a uma vida de propósito e plenitude.

Ouvindo a voz de Deus, somos guiados em decisões, confortados em momentos difíceis e fortalecidos em nossa fé. Não estamos sozinhos; o Senhor deseja se comunicar conosco e nos dirigir a cada passo do caminho. Cultivar uma vida de oração e devoção nos aproxima mais dele e nos ajuda a ouvir com clareza.

## DESAFIO PRÁTICO

*Hoje, reserve um tempo em silêncio para ouvir a voz de Deus. Pode ser durante uma caminhada, em um momento de devocional ou em um local tranquilo. Pergunte ao Senhor o que ele quer te dizer e esteja aberto para ouvir. Anote qualquer impressão ou palavra que você sentir que ele está te dando.*

# 38. A IMPORTÂNCIA DA COMUNHÃO

E CONSIDEREMO-NOS UNS AOS OUTROS
PARA NOS ESTIMULARMOS AO AMOR E
ÀS BOAS OBRAS.

HEBREUS 10:24

A comunhão é um aspecto vital da vida cristã. Em um mundo que muitas vezes promove a individualidade e o isolamento, Deus nos chama para viver em comunidade, apoiando-nos mutuamente em nossa jornada de fé. A Bíblia nos lembra que devemos considerar uns aos outros e nos estimular ao amor e às boas obras. Isso não acontece por acaso; é uma escolha ativa que fazemos como parte do Corpo de Cristo.

A comunhão nos fortalece e nos encoraja. Quando nos reunimos com outros irmãos na fé, podemos compartilhar nossas experiências, lutas e vitórias. Esses momentos de conexão não só nos ajudam a crescer espiritualmente, mas também nos lembram que não estamos sozinhos em nossa caminhada. Em tempos de dificuldade, a comunidade pode ser uma fonte de conforto e apoio, mostrando-nos que há esperança e que Deus está conosco.

Jesus também enfatizou a importância da comunhão. Ele reuniu seus discípulos não apenas para ensiná-los, mas para que vivessem juntos, compartilhassem refeições e se apoiassem mutuamente. As interações diárias que tiveram uns com os outros foram essenciais para fortalecer sua fé e prepará-los para os desafios que viriam.

Como jovens, é fundamental buscar um grupo de apoio que compartilhe valores e princípios cristãos.

Participar de grupos de jovens, estudos bíblicos ou ministérios da igreja nos proporciona a oportunidade de crescer juntos, encorajando-nos uns aos outros a viver de acordo com a vontade de Deus. A comunhão também é uma oportunidade de servir e ser servido, promovendo um ambiente de amor e edificação.

Lembre-se de que a comunhão não se limita ao ambiente da igreja, mas deve se estender a todos os aspectos da vida. Esteja aberto para construir relacionamentos saudáveis que honrem a Deus, cultivando amizades que estimulem seu crescimento espiritual. Quando fazemos isso, fortalecemos nossa caminhada e glorificamos a Deus juntos.

## DESAFIO PRÁTICO

> *Hoje, entre em contato com um amigo ou irmão em Cristo e ofereça apoio ou encorajamento. Pode ser uma mensagem, um telefonema ou até um encontro. Lembre-se de que pequenos gestos de comunhão podem ter um grande impacto na vida de alguém.*

# 39. O VALOR DO SILÊNCIO E DA ESCUTA

Todo homem, pois, seja pronto para ouvir, tardio para falar, tardio para se irar.

Tiago 1:19

Em um mundo cheio de barulho e distrações, a prática do silêncio e da escuta se torna cada vez mais valiosa. A Bíblia nos ensina a importância de ouvir antes de falar, promovendo uma comunicação saudável e respeitosa. Como jovens que desejam viver segundo o coração de Deus, precisamos aprender a silenciar nossas próprias vozes e a prestar atenção ao que Deus e os outros têm a nos dizer.

O silêncio não é apenas a ausência de som; é um estado de disposição que nos permite refletir, ouvir e processar o que está acontecendo ao nosso redor. Muitas vezes, a pressa em falar pode levar a mal-entendidos e conflitos desnecessários. Ao nos dedicarmos a ouvir, criamos um espaço para que o Espírito Santo nos guie e nos ensine.

Jesus exemplificou essa prática em sua vida. Ele frequentemente se retirava para orar e ouvir a voz do Pai. Mesmo em meio à multidão, ele sabia quando parar e prestar atenção às necessidades das pessoas ao seu redor. Essa atitude de escuta ativa é fundamental para cultivarmos relacionamentos saudáveis e para sermos sensíveis à direção de Deus.

Além disso, a escuta é uma forma de amar o próximo. Quando nos dispomos a ouvir verdadeiramente as pessoas, mostramos que nos importamos com suas histórias e preocupações. Isso fortalece os laços de amizade e confiança, criando um ambiente onde todos se sentem valorizados e respeitados.

Silenciar a voz interior e as preocupações externas nos ajuda a ouvir a voz de Deus. Muitas vezes, precisamos de momentos de quietude para refletir sobre as Escrituras e buscar a orientação do Senhor em oração. Essa prática nos permite discernir o que é realmente importante e nos conecta mais profundamente com Deus.

## DESAFIO PRÁTICO

*Hoje, reserve um tempo para praticar o silêncio. Pode ser durante sua oração, um momento de reflexão ou mesmo enquanto conversa com alguém. Concentre-se em ouvir atentamente, tanto a Deus quanto à pessoa com quem você está falando, sem pressa de responder. Observe como isso impacta sua comunicação e relacionamentos.*

# 40. A FORÇA DA ORAÇÃO EM COMUNIDADE

E, SE DOIS DE VOCÊS CONCORDAREM
NA TERRA ACERCA DE QUALQUER COISA
QUE PEDIREM, ISSO LHES SERÁ FEITO
POR MEU PAI QUE ESTÁ NOS CÉUS.

MATEUS 18:19

A oração é uma das ferramentas mais poderosas que temos à nossa disposição, e quando unimos nossas vozes em oração, o impacto pode ser ainda maior. Jesus nos ensina sobre a força da oração em comunidade, afirmando que quando dois ou mais concordam em oração, Deus ouve e age. Como jovens que buscam viver segundo o coração de Deus, precisamos valorizar a oração em unidade.

Quando oramos juntos, criamos um ambiente de apoio e encorajamento. A oração em comunidade fortalece nossa fé e nos lembra que não estamos sozinhos em nossas lutas. É um momento em que podemos compartilhar nossos fardos, interceder uns pelos outros e celebrar as vitórias. Isso não só edifica a nossa vida espiritual, mas também nos une como irmãos e irmãs em Cristo.

A Bíblia está cheia de exemplos de pessoas que se uniram em oração. Em Atos dos Apóstolos, os discípulos se reuniam para orar, e foi nesse ambiente que o Espírito Santo se moveu de maneira poderosa, levando à expansão da igreja. A oração em unidade traz à tona a presença de Deus de uma maneira especial e poderosa.

A prática da oração em comunidade também nos ensina sobre a humildade e a necessidade de depender uns dos outros. Ao pedirmos oração, reconhecemos que precisamos de ajuda e que somos parte de algo maior. Isso nos ajuda a construir relacionamentos saudáveis e a cultivar uma cultura de apoio e amor.

Ao envolver-se em grupos de oração, estudos bíblicos ou ministérios da igreja, você não apenas fortalece sua própria vida de oração, mas também contribui para o crescimento espiritual dos outros. Juntos, podemos experimentar o poder da oração e ver como Deus age em resposta à nossa fé unida.

## DESAFIO PRÁTICO

*Hoje, junte-se a um grupo de amigos ou irmãos da igreja para orar. Se não houver um grupo disponível, entre em contato com alguém e ofereça-se para orar juntos, seja por telefone ou pessoalmente. Compartilhe pedidos de oração e interceda uns pelos outros, fortalecendo sua comunhão em Cristo.*

# CONCLUSÃO

Vivendo como um jovem segundo o coração de Deus

Chegamos ao fim desta jornada, mas agora o verdadeiro desafio começa: transformar o que foi aprendido em prática diária. Cada tema, versículo e reflexão aqui apresentados não é apenas uma leitura passageira, mas um convite para uma vida de compromisso, integridade e entrega completa a Deus. O Senhor nos chama a sermos jovens que vivem com propósito, e esse propósito se reflete nas escolhas, atitudes e relacionamentos que cultivamos.

Ser um jovem segundo o coração de Deus significa tomar a decisão consciente de buscar a Deus acima de tudo, de caminhar na contramão do mundo e de refletir o caráter de Cristo. Não se trata de perfeição, mas de disposição. Davi, com todos os seus erros, foi considerado um homem segundo o coração de Deus porque se arrependia, voltava-se para o Senhor e permanecia disposto a ser moldado. Que essa também seja a nossa história!

Agora, é hora de agir. Que cada passo que você der reflita o amor, a fé e a esperança que brotam de um relacionamento genuíno com Deus. Se caíres, levanta-te. Se errar, arrepende-te. E se sentir que é difícil demais, lembre-se de que Deus está ao seu lado em cada passo, pronto para te fortalecer e te guiar.

Que as suas atitudes possam ser um testemunho vivo para aqueles ao seu redor, impactando vidas e apontando para o amor transformador de Jesus.

## CHAMADA À AÇÃO

Não espere o momento perfeito para agir — ele é agora. Escolha um dos desafios práticos, aplique-o, faça com que se torne um hábito e permita que cada decisão e cada pequeno ato revelem o jovem que deseja ser. Levante-se com ousadia, lute contra o que te afasta de Deus e comprometa-se a viver de forma autêntica. Ser um jovem segundo o coração de Deus é a aventura de uma vida — e ele já te deu tudo o que precisa para vencer!